3 mai 1912

VENTE APRÈS DÉCÈS
Du Vendredi 3 Mai 1912
HOTEL DROUOT, SALLE Nᵒ 1
A DEUX HEURES

TABLEAUX ANCIENS

GOUACHES

BRONZES — PORCELAINES

Faïences, Marbre, Argenterie

MEUBLES ET SIÈGES

TAPISSERIES

COMMISSAIRE-PRISEUR
Mᵉ André COUTURIER
Successeur de M. Léon TUAL

EXPERT
M. Georges SORTAIS

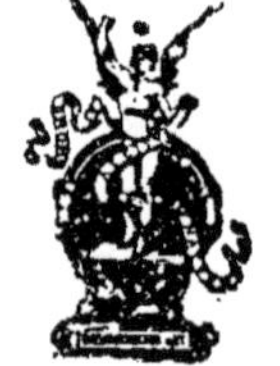

CATALOGUE

DES

TABLEAUX ANCIENS

ET GOUACHES

Par :

BRASCH (W.), BREENBERG, BREUGHEL (DIT DE VELOURS), DELEN (VAN)
GIRARD (M.), HEMSKERCK
HONDECOETER (MELCHIOR D'), MANS (W.), MICHAU
MSIRN (VAN DER), NEEFS (PETER), PAU DE SAINT-MARTIN
TENIERS (DAVID LE JEUNE), VAN DE VELDE (E.), VLIEGER (SIMON DE)
WYNANTS (J.)

BRONZES, PORCELAINES, FAIENCES

MARBRE, ARGENTERIE

MEUBLES ET SIÈGES

TAPISSERIES

Dont la Vente par suite de Décès aura lieu

HOTEL DROUOT, SALLE N° 1
LE VENDREDI 3 MAI 1912

A 2 HEURES

Me André COUTURIER	**M. Georges SORTAIS, Peintre**
Successeur de M. Léon TUAL	EXPERT PRÈS LE TRIBUNAL CIVIL
COMMISSAIRE-PRISEUR	11, rue Scribe
56, rue de la Victoire	PARIS

EXPOSITION PUBLIQUE
Le Jeudi 2 Mai 1912, de 2 heures à 6 heures

CONDITIONS DE LA VENTE

Elle sera faite au comptant.

Les adjudicataires paieront *dix pour cent* en sus des enchères.

L'exposition mettant le public à même de se rendre compte de l'état et de la nature des objets, aucune réclamation ne sera admise une fois l'adjudication prononcée.

Paris. — Imp. de l'Art, Cu. Berger, 41, rue de la Victoire.

DÉSIGNATION

TABLEAUX, GOUACHES

BOUCHER
(D'après)

COPIE MODERNE

1 — *Dessus de porte.*

Toile. Haut., 73 cent.; larg., 1 m. 30 cent.

BRASCH
(W.)

2 — *Après la Chasse.*

Des chiens gardent un chevreuil mort, pendu par la
patte à un arbrisseau ; à gauche, un canard et des
oiseaux morts.

Signé en bas à droite.

Pendant du suivant.

Cuivre. Haut., 22 cent.; larg., 29 cent.

BRASCH
(W.)

3 — *Après la Chasse.*

Un chevreuil, faisan et perdreaux morts sont posés
à terre au milieu d'un terrain boisé.

Signé en bas à gauche : *W. I. Brasch.*

Pendant du précédent.

Cuivre. Haut., 22 cent.; larg., 29 cent.

BREENBERG

(B.)

4 — *Paysage biblique.*

Près d'un château en ruines, au milieu d'un terrain
accidenté, la Vierge tient l'Enfant Jésus sur ses genoux;
des femmes et un enfant, probablement saint Jean, se
prosternent devant elle; tout au fond, à droite, saint Joseph tenant un âne par la bride.

Bois Haut., 31 cent.; larg., 43 cent.

BREUGHEL

(Dit de VELOURS)

5 — *Paysage.*

A gauche, dans un terrain boisé, des châtelains dans
une barque vont mettre pied à terre; à l'extrême droite,
des paysans se rendent au marché et traversent un pont
au-dessus d'un cours d'eau.

Au milieu, dans le fond, on aperçoit un château ; à
l'horizon, des collines se détachent sur un ciel nuageux.

Cuivre. Haut., 22 cent.; larg., 29 cent. 1/2.

CRAESBECK

(Genre de J.)

6 — *Intérieur de tabagie.*

L'aubergiste, vêtu d'une veste rouge, écrit sur une
poutre le montant de la note à payer ; à gauche, deux
hommes assis fument la pipe, d'autres derrière boivent;
dans le fond, des paysans et leurs compagnes boivent et
se chauffent devant une cheminée.

Bois. Haut., 19 cent.; larg., 25 cent

CUYP

(École de ALBERT)

7 — La Halte.

Un cavalier est descendu de son cheval blanc sellé de velours rouge, devant une chaumière qui se détache sur un paysage à terrain découvert.

Bois. Haut., 26 cent.; larg., 23 cent.

DELEN

(VAN DIRCK)

8 — Intérieur d'une cathédrale.

Au milieu d'immenses colonnes de marbre polychrome, une femme tenant un enfant par la main dépose son obole dans un tronc; à droite, un homme en costume oriental s'éloigne; à gauche, le Christ, à côté de deux apôtres, montre du doigt la scène qui se déroule.

Au fond, sous le transept et plus loin dans le chœur, des personnages se promènent.

Signé et daté à gauche au-dessus d'une porte : *Dyrck Van Delen, 1628.*

Bois. Haut., 38 cent.; larg., 66 cent.

ÉCOLE ALLEMANDE (xvıᵉ siècle)

9 — Nativité.

Sous le porche d'une maison la Vierge est agenouillée devant l'Enfant Jésus ; saint Joseph tire de l'eau du puits, tandis que plus loin un vieillard agenouillé prie. Au fond, dans l'embrasure d'une porte en ruines, on aperçoit la campagne.

Signé en bas d'un monogramme : *A. D.*

Bois. Haut., 19 cent.; larg., 15 cent.

ÉCOLE DE BOURGOGNE
COPIE MODERNE

10 — *Portrait en buste d'une Duchesse de Bour-gogne.*

Haut., 30 cent.; larg., 22 cent.

Cadre bois sculpté et doré.

ÉCOLE FLAMANDE
(xviiᵉ siècle)

11 — *Paysage.*

Une amazone, accompagnée de cavaliers et entourée de bestiaux, suit une route près d'un fleuve dans un paysage boisé ; au second plan à droite une église ; dans le fond à gauche un village ; le ciel bleu est orné de nuages blancs.

Toile. Haut., 21 cent.; larg., 29 cent.

ÉCOLE FLAMANDE
(xviiiᵉ siècle)

12 — *Poules et Poussins.*

Bois. Haut., 17 cent.; larg., 23 cent.

ÉCOLE FRANÇAISE
(1830)

13 — *Le Torrent.*

Au milieu d'un paysage accidenté un torrent roule à travers dans l'embrasure de gros rochers encadrés de végétation.

Toile. Haut., 43 cent. 1/2.; larg., 66 cent.

ÉCOLE FRANÇAISE

14 — *L'Agriculture.*

Dessus de porte.

Toile. Haut., 76 cent. 1/2; larg., 1 m. 50 cent.

ÉCOLE HOLLANDAISE

15 — *Transport de bestiaux.*

Au milieu d'un fleuve un batelier dirige un troupeau
de vaches vers des voiliers préts à partir; dans le fond,
un village se détache sur un ciel nuageux.

Bois. Haut., 23 cent.; larg., 30 cent.

GIRARD

(M.)

**16 — *Vue du Couvent de Saint-Horans, près
de Nantes.***

Gouache ovale.
Signée et datée en bas à droite : *M. Girard 1769.*
Pendant du suivant.

Haut., 10 cent. 1/2; larg., 14 cent. 1/2.

GIRARD

(M.)

**17 — *Vue du Château de Clermont, près de
Nantes.***

Gouache ovale.
Signée et datée en bas à gauche : *M. Girard 1769.*
Pendant du précédent.

Haut., 10 cent. 1/2; larg., 14 cent. 1/2.

HEMSKERCK

(EGBERT)

18 — *Réunion dans une Auberge*

Au milieu d'une grande salle à manger éclairée par deux fenêtres, des villageois sont assis autour d'une table causant et buvant ; à gauche, près d'une fenêtre, un paysan serre de près une femme en état d'ébriété qui tient une fiole garnie d'osier, dont elle a versé tout le contenu dans son verre ; dans le fond, devant la fenêtre, d'autres paysans sont attablés.

Toile. Haut.. 57 cent.; larg., 69 cent.

HONDECOETER

(MELCHIOR d')

19 — *Coq et Poules.*

Au milieu d'un paysage, près de grands arbres, un coq au plumage jaune monté sur une pierre et une poule blanche huppée, à terre, sont effrayés à la vue d'un crapaud qui fait irruption ; un peu plus à gauche un pluvier figure au premier plan ; au-dessus de la scène une perruche vole ; au fond, des collines se détachent sur un soleil couchant.

Signé sur la pierre à droite.

Toile. Haut.. 87 cent.; larg. 74 cent.

MANS

(W.)

20 — *Un Marché.*

Au milieu d'un village boisé, à gauche devant une chaumière près d'une église, des villageois dansent ; çà et là, d'autres vendent le produit de leurs terres ; le ciel bleu est orné de nuages blancs.

Signé et daté : *11 mars 1676.*

Toile. Haut.. 16 cent.; larg.. 21 cent.

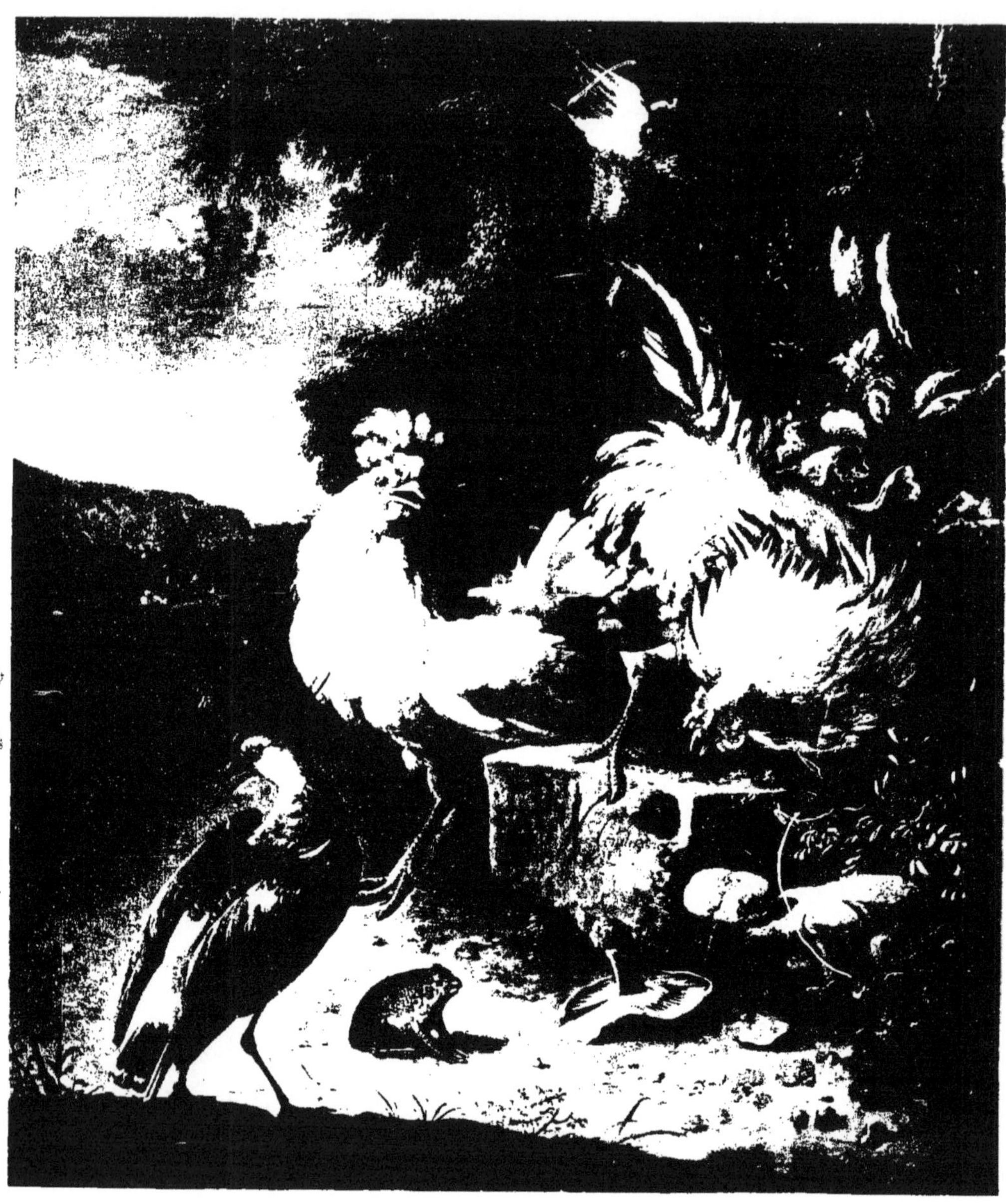

MICHAU
(THÉOBALD)

21 — *Le Petit Port.*

A droite, au premier plan, à l'embouchure d'un fleuve, des pêcheurs déchargent leur poisson et le vendent à des marchands ; à côté, des chevaux bâtés attendent l'enlèvement de leur charge.

Au second plan, des bateliers sont occupés à charger leurs bateaux près d'un édifice abrité par quelques arbres ; la rive opposée dans le fond se détache sur un ciel bleu orné de nuages dorés par les rayons du soleil.

Signé en bas à droite : *T. Michau.*

Haut., 36 cent.; larg., 46 cent.

MSIRN
(VAN DER)

22 — *La Halte à l'entrée d'un port.*

Des amazones, en costumes bleus et roses, sont arrêtées devant des marchands ; à gauche et à droite, des chevaux, des mulets et des chiens stationnent ; au premier plan, un troupeau de vaches et de moutons couché.

Signé en bas à gauche.

Cuivre. Haut., 20 cent.; larg., 24 cent.

NEEFS
(PETER)

23 — *Procession dans une Cathédrale.*

Sous une immense nef, un cortège de pèlerins et de fidèles suit une procession qui s'éloigne sur un bas-côté ; sous la voûte de droite, des tombeaux ; sous celle de gauche, des chapelles. Çà et là des fidèles sont accompagnés de leurs chiens.

Bois. Haut., 72 cent.; larg., 57 cent.

PAU DE SAINT-MARTIN

24 — *La Danse villageoise*.

Au bord d'une rivière, sur un terre-plein verdoyant,
au pied d'un pâté de maisons, un jeune couple danse
aux sons de la musique, des villageois assis et debout
les regardent; d'autres, à droite sous un épais feuillage,
causent ; derrière cette scène s'élève le clocher d'une
église où flotte le drapeau royal.

Dans le fond, à gauche près d'un bouquet d'arbres,
des tentes sont dressées et abritent des victuailles ; le
ciel bleu est orné de nuages légers.

Signé et daté en bas à gauche : *P. A. Saint-Martin*,
1784.

Bois. Haut., 39 cent.; larg. 54 cent.

TENIERS
(DAVID, le Jeune)

25 — *Le Chanteur*.

Dans un intérieur, un jeune homme vêtu de drap vert,
assis sur une chaise, chante d'après un feuillet qu'il
tient dans la main; à côté de lui, un sorcier est accroupi
devant une table.

Signé : *D. Teniers P*.

Bois. Haut., 25 cent.; larg., 19 cent.

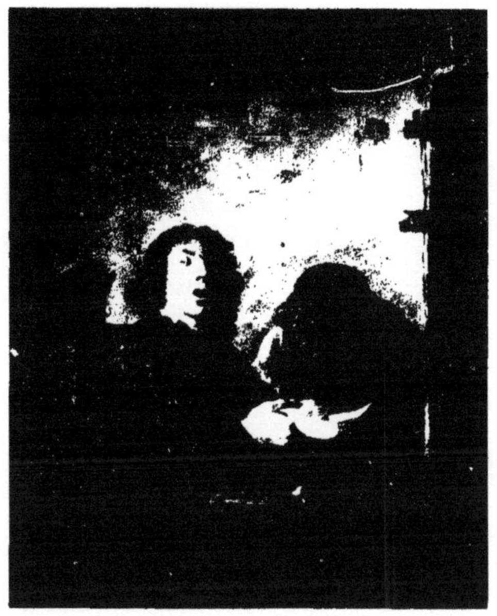

25

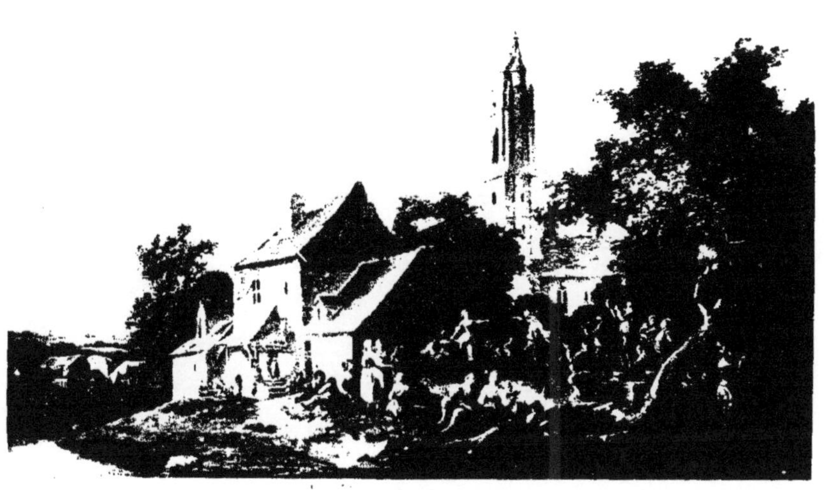

24

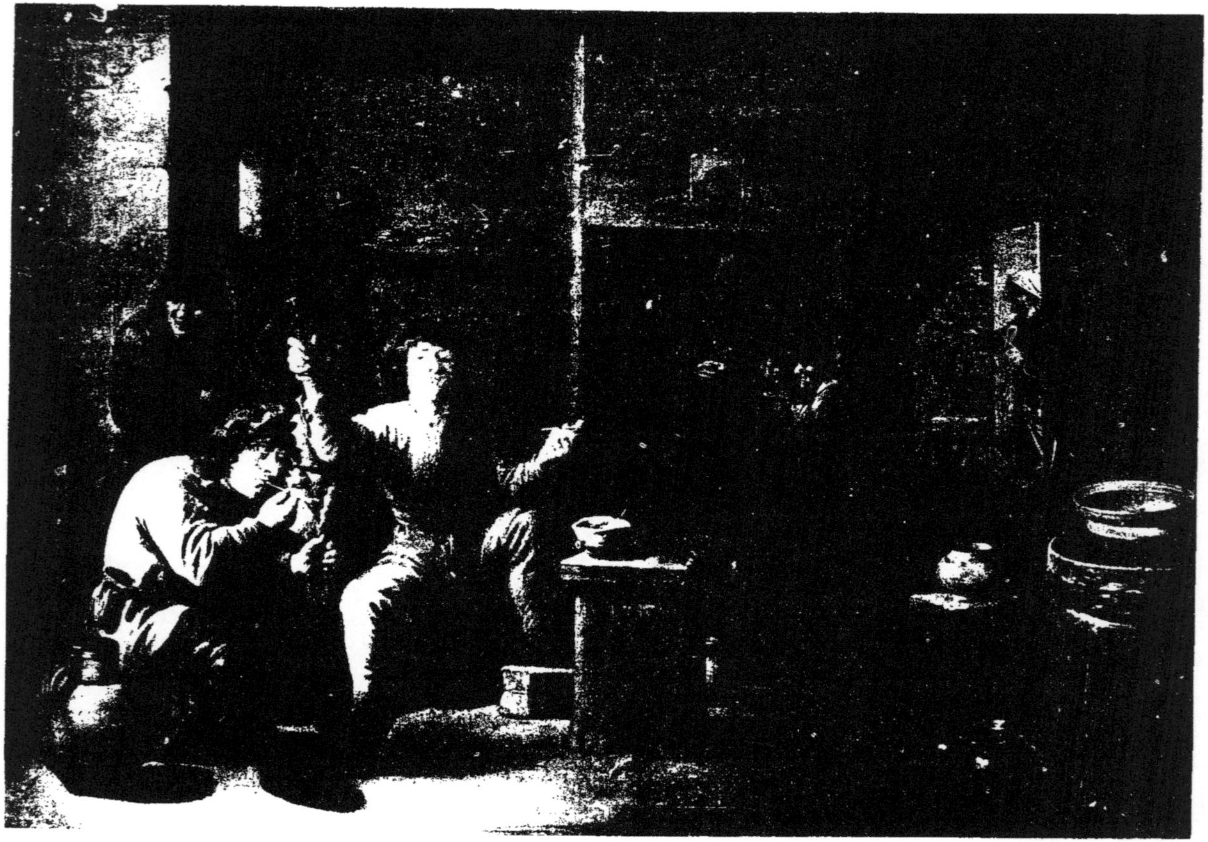

TENIERS

(DAVID le Jeune)

26 —· *Intérieur d'Auberge*.

Au premier plan, à gauche devant un escabeau où
un réchaud est posé, un villageois est assis, vêtu d'une
tunique rouge et d'une culotte jaune, coiffé d'une toque
bleue à plume noire, la pipe dans la main gauche, une
chope dans la main droite ; près de lui, un fumeur allume
sa pipe à un tison ardent, il est assis sur une chaise de
bois, coiffé d'une toque bleu clair, d'un habit jaune et
culotte bleue ; derrière lui, un paysan se tient debout ;
un cruchon est posé près d'eux.

A l'extrême droite, au premier plan, un tonneau sur
lequel est posé un réchaud ; en bas, à terre, un pot
d'étain ; plus loin, derrière, une vasque en terre vernissée
posée sur un escabeau.

Au fond de la pièce, des villageois assis devant l'âtre
jouent aux cartes tandis qu'à droite une servante ouvrant
la porte apporte un plat de victuailles.

Signé en toute lettre en bas sur l'escabeau.

Toile. Haut., 40 cent.; larg., 56 cent.

TENIERS

(École de)

27 — *Les Joueurs de Tric-trac*.

Dans l'intérieur d'une chaumière, des paysans jouent
au tric-trac posé sur une table recouverte d'un tapis
vert.

Toile. Haut., 27 cent., larg., 21 cent.

VAN DE VELDE
(E.)

28 — *L'Hiver.*

> Sur une rivière glacée, des villageois se livrent aux sport et jeux du patinage.
>
> A gauche, devant une chaumière, un paysan et une femme causent.
>
> Signé et daté en bas *E. V. de Velde 1620.*
>
> Pendant du suivant.
>
> Bois. Haut., 12 cent.; larg., 20 cent.

VAN DE VELDE
(E.)

29 — *L'Été.*

> Dans un paysage boisé, deux voyageurs sont assis près d'un cours d'eau où l'on distingue des canards; un homme, suivi d'un chien, traverse un pont de bois conduisant à des chaumières.
>
> A gauche, au premier plan, un bateau est amarré; au fond, dans l'encadrement des arbres, un château se dresse.
>
> Signé en bas.
>
> Pendant du précédent.
>
> Haut., 12 cent; larg., 20 cent.

VLIEGER
(SIMON de)

30 — *Marine.*

> Sur une mer calme aux tons argentés, à gauche, une barque transporte des officiers; à droite, un voilier de guerre; au milieu, une galère; plus loin, des voiliers sillonnent les eaux.
>
> Bois. Haut., 35 cent. 1/2; larg., 49 cent.

WYNANTS
(JEAN)

31 — *Halte de chasse.*

Au milieu d'un paysage à terrain découvert et accidenté, des cavaliers sont réunis entourés de leur meute,
l'un d'eux semble indiquer le chemin de la chasse.

Au fond, un vallon se détache sur un ciel bleu orné
de gros nuages blancs.

Signé en bas à gauche des initiales *J. W.*

Bois. Haut., 25 cent.; larg , 33 cent. 1/2.

BRONZES, PORCELAINES

FAIENCES, ARGENTERIE

32 — Grand cartel avec socle en marqueterie de
Boulle.

33 — Pendulette en bronze. Style Louis XVI.

34 — Lanterne d'antichambre en bronze doré.

35 — Lustre hollandais en cuivre poli.

36 — Lustre en bronze doré et cristaux, disposé
pour l'électricité.

37 — Belle paire de vases en marbre de couleur
avec guirlandes en bronze finement ciselées et
dorées, et branches de fleurs en bronze doré for-
mant lampadaire.

38 — Deux plats en faïence de Rouen.

39 — Potiche en porcelaine du Japon.

40 — Vasque et son support en terre de Vallauris.

41 — Sucrier en porcelaine d'Allemagne.

42 — Sucrier en faïence de Strasbourg.

43 — Deux lampes en porcelaine de Canton, mon-
ture en bronze.

44 — Fontaine avec son bassin en faïence de Nevers.

45 — Service de table en cristal de Bohème, de vingt-quatre pièces.

46 — Coupes, carafes, verres en cristal ancien. (Seront divisés.)

47 — Huilier, quatre salières et un moutardier en argent. Époque fin Empire.

48 — Poêlon en argent.

49 — Service à poisson et service à glace, pince à asperges.

TAPISSERIES

50 — Panneau en ancienne tapisserie d'Aubusson,
sujets à grands personnages et bordures à décors de fleurs : Les Travaux d'Hercule.

51 — Autre panneau semblable au précédent.

52 — Deux cantonnières de fenêtres, en tapisserie
d'Aubusson.

53 — Deux portières en satin, à décor de fleurs.

MEUBLES

ET

OBJETS D'AMEUBLEMENT

54 — Ameublement de salon en bois noir et filets or, recouvert en tapisserie d'Aubusson à décors de fleurs, de style Louis XV. Comprenant : un canapé, quatre fauteuils et quatre chaises.

55 — Ameublement de salle à manger en noyer ciré, style Renaissance. Comprenant : buffet, dressoir et table de milieu.

56 — Commode en bois de placage, chutes, entrées de serrures et poignées en bronze doré. Époque de la Régence.

57 — Console en bois sculpté et doré. Louis XV.

58 — Deux petites consoles en bois sculpté et doré. Louis XV.

59 — Deux fauteuils en bois sculpté recouvert en satin brodé.

60 — Chaire en bois sculpté, Louis XV, recouvert de satin.

61 — Deux banquettes en bois sculpté. Style Louis XV.

62 — Deux banquettes recouvertes en ancienne tapisserie.

63 — Deux banquettes en bois sculpté, Louis XV,
foncées de canne.

64 — Grand paravent à cinq feuilles en bois laqué
et doré. Travail chinois.

65 — Trois panneaux-appliques en bois sculpté.

66 — Horloge en bois sculpté.

67 — Deux chaises et un fauteuil, Louis XIII, recou-
verts en reps imprimé.

68 — Six petites chaises en bois sculpté. Louis XIII.

69 — Bois de lit en bois laqué blanc. Époque
Louis XVI.

70 — Deux supports d'appliques. Style Renaissance.

71 — Quatre chaises légères en bois doré.

72 — Glace-psyché en bois sculpté. Louis XV.

73 — Deux glaces d'appliques en bois sculpté. Travail italien.

74 — Deux trumeaux en bois sculpté. Époque
Louis XVI.

75 — Sous ce numéro, il sera vendu divers meubles
courants : tables, chaises, casiers à musique,
commode, faïences, porcelaines et verrerie.